AF592611

4 AVR. 1863 Marks 99P

Vente du Samedi 4 Avril 1863

OBJETS D'ART

CURIOSITÉS

DE LA CHINE

Vente Marks

M. Ch. PILLET, Commissaire-Priseur

MM. MANNHEIM, Experts

PARIS. IMPRIMERIE DE PILLET FILS AINÉ
5, RUE DES GRANDS-AUGUSTINS.

CATALOGUE

D'UNE TRÈS-JOLIE COLLECTION

D'OBJETS D'ART

ET DE CURIOSITÉ

DE LA CHINE

Matières précieuses, telles que : Jades de diverses nuances,
Lapis, Agate orientale, Cristal de roche;
Cassolettes, Vases, Brûle-Parfums, etc., en émail cloisonné de très-belle qualité;
Vases de grandes dimensions, Cassolettes, Groupes, Brûle-Parfums en bronze ancien, dont quelques Pièces richement incrustées d'or, d'argent et de pierres précieuses;
Porcelaines dites d'échantillons, telles que :
Vases en céladon bleu turquoise, vert-pomme, craquelé, etc.;
Vases de grande dimension en porcelaine mince; Gourdes et Vases de diverse formes en porcelaine émaillée (famille verte) de très-belle qualité;
Objets divers

PROVENANT EN GRANDE PARTIE DU PALAIS D'ÉTÉ

DONT LA VENTE AURA LIEU

HOTEL DROUOT, SALLE N° 4

AU PREMIER

Le Samedi 4 Avril 1863

A UNE HEURE ET DEMIE PRÉCISE

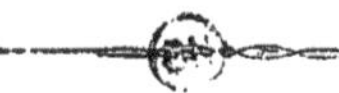

Par le ministère de Mᵉ **CHARLES PILLET**, Commissaire-Priseur,
rue de Choiseul, n° 11,

Assisté de MM. **MANNHEIM**, Experts, rue de la Paix, 10,

Chez lesquels se trouve le présent Catalogue.

EXPOSITION PUBLIQUE

Le Vendredi* 3 *Avril* 1863, *de une heure à cinq heures.

CONDITIONS DE LA VENTE

Elle sera faite au comptant.

Les adjudicataires payeront *cinq pour cent* en sus des enchères, applicables aux frais.

Paris — Imp. Pillet fils aîné, rue des Grands-Augustins, 5.

DÉSIGNATION

DES OBJETS

Émaux cloisonnés

1 — Cassolette de forme oblongue, à angles arrondis, reposant sur quatre pieds ovales, et à deux anses surélevées; émaillée dans toutes ses parties de fleurs et d'ornements divers en couleurs sur fond bleu turquoise et bleu foncé alternés. Le bouton du couvercle, en bronze doré, de forme sphérique, à nuages et dragons repercés à jour.

Marque à quatre caractères; dynastie des Ming.

Long., 25 cent.; larg., 11 cent.; haut., 23 cent.

2 — Grande et belle cassolette de forme carrée, en émail cloisonné, à animaux, fleurs et ornements en couleurs sur fond vert et bleu turquoise alternés, et arêtes en relief sur la panse; elle repose sur quatre pieds-consoles en bronze ciselé et doré, à dragons. Le couvercle, émaillé extérieurement et intérieurement,

est enrichi d'ornements et d'animaux repercés à jour, et a pour bouton une Chimère assise, en bronze doré.

Même marque que la pièce qui précède.

Long., 28 cent.; largeur, 20 cent.; haut., 45 cent.

3 — Autre grande cassolette, de forme hémisphérique, reposant sur trois pieds droits, et à anses surélevées; émaillée dans toutes ses parties de fleurs et ornements divers en couleurs sur fond vert et bleu turquoise. Le couvercle, émaillé de même, est enrichi d'ornements en bronze ciselé et doré et repercé à jour.

Haut., 45 cent.; diam., 28 cent.

4 — Charmant brûle-parfums en émail cloisonné, à ornements en couleurs sur fond bleu turquoise, et parties réservées en bronze finement ciselé et doré; il repose sur trois pieds droits recouverts en partie par des ornements émaillés en guise de housses; la partie supérieure, en forme de gobelet, a deux anses surélevées à cordes. Le couvercle a pour bouton une sphère en bronze doré, ciselé à dragons en relief.

Cette pièce, remarquable par la bizarrerie de sa forme et la finesse de ses ornements émaillés, repose sur un pied en bois sculpté.

Haut., 24 cent.

5 — Vase en forme de cornet carré de plan et à panse renflée; il est émaillé dans toutes ses parties de fleurs et d'ornements en couleurs sur fonds variés.

Haut., 20 cent.

6 — Petite pagode de forme cylindrique, avec ouvertures réservées dans la panse; elle est émaillée de fleurs et d'ornements en couleurs sur fond bleu turquoise, et la partie supérieure de la pièce porte quatre caractères réservés en or. Socle en bois sculpté; incrusté de filets d'argent.

Haut., 11 cent.; diam., 7 cent.

7 — Pi-tong offrant sur tout son pourtour un paysage montagneux émaillé en couleurs. Pièce très-curieuse et rare. Pied en bois sculpté.

Haut., 11 cent.; diam., 7 cent.

8 — Boîte de forme carrée, très-plate; le couvercle, à recouvrement, est émaillé de fleurs en couleurs sur fond bleu turquoise.

Long., 15 cent.; larg., 12 cent.

Matières précieuses

9 — Lapis-lazuli. Très-beau groupe offrant un site montagneux enrichi de personnages.

Pièce rare, remarquable par son volume.

Haut. 22 cent.; larg. 15 cent.

10 — Agate orientale. Petite coupe de forme ronde, à deux anses à dragons prises dans la masse.

Diam., sans les anses, 7 cent.

11 — Jade blanc laiteux. Deux très-jolis vases de forme ronde et basse, taillés à côtes; les couvercles sont ornés d'une frise de branchages repercés à jour, et le bouton est formé d'une fleur également repercée à jour.

Ces deux pièces, du travail le plus fin et de forme très-gracieuse, reposent sur deux socles tables en bois sculpté.

Haut., 10 cent.; diam., 12 cent.

12 — Jade blanc. Jolie coupe ronde couverte; elle est entièrement ornée de fleurs et de feuillages finement gravés et repercés à jour. Le pied est formé par une fleur. Socle en bois sculpté à jour.

Diam., 11 cent.; haut., 8 cent.

13 — Jade blanc verdâtre. Grande et belle cassolette de forme sphérique aplatie, gravée à ornements, reposant sur trois pieds bas et à deux anses de forme contournée surélevée prises dans la masse. Le couvercle est enrichi de palmettes gravées à ornements et de trois figurines de béliers couchés, en ronde bosse.

Diam., sans les anses, 17 cent.; haut., 15 cent.

14 — Jade blanc verdâtre. Cassolette de forme longue, à panse gravée et à arêtes en relief; elle repose sur quatre

pieds à têtes chimériques et à deux anses surélevées. Le couvercle, à ornements et feuillages repercés à jour, a son bouton formé par une Chimère accroupie.

Long., 11 cent.; haut., 17 cent.

15 — Jade vert clair émeraude. Très-joli flambeau formé d'un petit éléphant richement caparaçonné, reposant sur un socle de forme contournée, à ornements gravés et repercés à jour, et supportant un vase surmonté d'un plateau à deux anses à anneaux mouvants prises dans la masse, qui contient le balustre porte-bougie et le bassin gravé à côtes.

Pièce remarquable par la beauté de la matière et la finesse du travail.

Haut., 25 cent.

16 — Jade blanc verdâtre. Vase de forme carrée de plan, à deux anses à anneaux mouvants prises dans la masse, et à couvercle. La panse est enrichie de dragons et d'ornements divers gravés.

Haut., 28 cent.

17 — Jade gris. Vase en forme d'oiseau, dont la tête tient lieu de couvercle; il est incrusté de petits rubis sertis en or.

Pièce très-ancienne.

Haut., 14 cent.

18 — Jade blanc verdâtre. Petite jonque chinoise très-finement taillée et repercée à jour, et portant en ronde bosse différents personnages. Socle en bois sculpté.

Long., 23 cent.

19 — Jade verdâtre. Groupe de deux enfants jouant avec une plante. Travail de ronde bosse. Socle en bois sculpté.

Haut., 10 cent.

20 — Jade verdâtre. Figurine de femme debout, tenant une branche de fleurs ; près d'elle se trouve la grue sacrée. Travail de ronde bosse. Socle en bois sculpté.

Haut., 12 cent.

21 — Jade gris. Vase en forme de fruit, reposant sur ses feuilles et branchages repercés à jour. Socle en bois sculpté.

Haut., 15 cent.

22 — Cristal de roche. Figurine de femme debout, reposant sur un socle de même matière.

Haut., 20 cent.

23 — Cristal de roche. Écritoire en forme de Chimère couchée; le couvercle est formé d'une autre petite Chimère.

Long., 15 cent.

Bronzes

24 — Bronze de Chine. Grand et très-beau vase forme balustre, à gorge très-évasée, et carré de plan ; il est entièrement couvert d'ornements en relief incrustés d'or, d'argent, de turquoises et de malachite. Ses anses sont formées de têtes d'animaux chimériques soutenant des anneaux mouvants. Pièce très-rare. Socle en bois sculpté repercé à jour.

Haut., 52 cent.

25 — Bronze de la Chine. Cassolette de forme carrée, à couvercle et à pied découpé, comme le vase qui précède; il est entièrement couvert d'incrustations en or, en argent et en pierres précieuses; sa panse et son couvercle sont, de plus, enrichis d'arêtes en relief, et portent chacun une inscription composée de six caractères.

Haut., 26 cent.; long., 24 cent.; larg., 18 cent.

26 — Bronze de la Chine. Grand et beau vase de forme carrée de plan et à couvercle en dôme; il est entièrement couvert d'ornements très-fins et porte en relief des arêtes ainsi que quatre anses à têtes d'animaux. Deux inscriptions, de six caractères chacune, sont gravées à l'intérieur de la gorge. Travail très-ancien.

Haut., 62 cent.

27 — Bronze de la Chine. Charmant petit groupe en bronze très-finement incrusté d'argent. Personnage en costume très-curieux, à califourchon sur une Chimère. Pièce très-rare. Socle en bois sculpté.

Haut., 14 cent.

28 — Bronze de la Chine. Vase très-ancien, de forme droite octogone, avec ouverture à la base, et reposant sur quatre pieds; anses mouvantes et couvercle en bois de fer sculpté à bouton sculpté. Cette pièce, enrichie d'ornements en relief, nous paraît avoir servi de réchaud.

Haut., 25 cent.; diam., 13 cent.

29 — Bronze de la Chine. Deux brûle-parfums bronze doré, en partie composés chacun d'un buffle sur lequel un personnage debout est placé.

Haut., 45 cent.

30 — Bronze de la Chine. Brûle-parfums formé par un animal accroupi.

Haut., 14 cent.

31 — Bronze du Japon. Personnage accroupi devant une table sur laquelle deux livres sont placés.

Haut., 20 cent.

32 — Bronze du Japon. Quatre groupes d'oiseaux sur rochers formant brûle-parfums. Ils seront vendus par paire ou séparément.

33 — Bronze du Japon. Cassolette de forme ronde reposant sur un socle imitant une plante.

Haut., 30 cent.

34 — Chemise de mailles avec collerette à dents et garniture en velours vert à paillettes d'or. Travail indien.

Porcelaines

35 — Deux jolis vases en ancienne porcelaine mince de la Chine, à médaillons de figures en couleur, avec bordures à ornements bleus et fond vermicelle or, rehaussé de petits médaillons camaïeu rouge. Les boutons du couvercle sont formés de Chimères. Qualité rare.

Haut., 54 cent.

36 — Très-jolie gourde décorée de médaillons et de bordures à figures et riches ornements en couleur finement émaillés. Très-bel échantillon de la famille verte.

Haut., 45 cent.

37 — Deux pots à tabac et leurs couvercles, à médaillons et ornements, finement décorés en couleur. Famille verte. Belle qualité.

Haut., 31 cent.

38 — Deux jolis vases forme balustre, richement décorés de sujets familiers en couleur. Famille verte.

Haut., 34 cent.

39 — Vase de même forme, à médaillons de fleurs et de chimères et entre-deux à animaux chimériques; le tout finement décoré en émaux de la famille verte.

Haut., 35 cent.

40 — Vase en forme de cornet, à panse renflée décorée d'un quadrillé rouge avec plantes en couleur; la base et la gorge décorées de rochers, d'oiseaux et de fleurs en couleurs.

Haut., 38 cent.

72 —

41 — Deux jolies petites bouteilles, décorées d'émaux de la famille verte, dans le goût persan.

Haut., 20 cent.

42 — Autre petite bouteille, de décor analogue.

Haut., 20 cent.

43. — Grand et beau vase de forme cylindrique, à gorge rétrécie et évasée; il est décoré de sujets familiers très-finement peints en couleurs sur fond blanc. Pièce de qualité rare.

Haut., 70 cent.

44 — Socle de forme hexagonale, avec ouverture réservée sur une des faces, décoré de figures émaillées.

Diam., 31 cent.

45 — Trois petits vases forme balustre, décorés de fleurs en émaux de la famille rose.

Haut., 155 millim.

46 — Deux figures debout; homme et femme en riches costumes émaillés, reposant sur des socles de forme carrée.

Haut., 46 cent.

47 — Deux petits groupes; enfants à califourchon sur des animaux chimériques, émaillés en couleur.

Haut., 23 cent.

48 — Deux groupes de deux personnages assis sur rochers et émaillés en couleur; l'un d'eux tient une coupe couverte, l'autre une branche de fleurs.

Haut., 20 cent.

49 — Deux compotiers à médaillons de personnages au centre et bordures à fleurs en relief émaillées en couleur.

Diam., 29 cent.

50 — Joli vase en ancien céladon bleu turquoise, à fleurs gravées sur émail; il est de forme ovoïde, à gorge rétrécie et à deux anses têtes chimériques.

Haut., 38 cent.

51 — Petit vase forme balustre en ancien céladon bleu turquoise, à fleurs et ornements gaufrés. Socle en bois sculpté.

Haut., 22 cent.

52 — Vase en forme de bouteille à goulot droit, en céladon turquoise, à fleurs gravées sur émail. Socle en bois sculpté.

Haut., 24 cent.

53 — Brûle-parfums à trois pieds et anses découpées, formées par les branches du pin emblématique. Porcelaine ancienne teinte en violet. Pièce rare. Pied en bois sculpté.

Haut., 14 cent.; diam., 12 cent.

54 — Gourde à trois becs, fond jaune, à médaillons repercés à jour et réservés en brun mat, et ruban émaillé bleu. Pièce curieuse et rare. Socle en bois sculpté.

Haut., 24 cent.

55 — Groupe composé d'une femme debout tenant un vase, et d'une Chimère couchée près d'elle. Porcelaine émaillée couleur saumon et rehauts de brun. Pièce très-curieuse reposant sur un socle en bois sculpté.

Haut., 35 cent.

56 — Deux jolies Chimères en porcelaine émaillée bleu turquoise, reposant sur des socles carrés, décorés en violet et repercés à jour.

Haut., 18 cent.

57 — Vase en porcelaine émaillée bleu turquoise et jaspée de bleu foncé. Socle en bois sculpté.

Haut., 30 cent.

58 — Petite gourde en porcelaine jaspée rouge et violacé. Socle en bois de fer.

Haut.. 21 cent.

59 — Vase en porcelaine émaillée vert pomme, avec fines craquelures; il est de forme ovoïde avec gorge évasée.

Haut., 47 cent.

60 — Vase en forme de bouteille, entièrement couvert d'un émail noir uni.

Haut., 29 cent.

61 — Vase en ancienne porcelaine de Chine craquelée gris à médaillons et bordures décorés en bleu.

Haut., 45 cent.

62 — Vase forme balustre en porcelaine, fond rouge haricot.

Haut., 39 cent.

63 — Deux vases forme bouteille, en porcelaine fond vert d'eau, portant en relief le pin et des animaux divers, décorés en bleu et en rouge de cuivre.

Haut., 27 cent.

64 — Vase de forme ovoïde, en porcelaine jaspée bleu violacé : il porte, incrusté dans la pâte, un cachet à quatre caractères. Socle en bois sculpté.

Haut., 26 cent.

65 — Vase très-curieux en forme de balustre, fond brun et pointillé noirâtre. Il porte une marque à six caractères. Socle en bois sculpté.

Haut., 21 cent.

66 — Joli petit vase forme balustre, à anses repercées à jour et anneaux mouvants, portant en relief un grand nombre de caractères et des ornements divers, le tout émaillé jaune uni. Socle en bois sculpté.

Haut., 24 cent.

67 — Vase en forme de bouteille, à panse sphérique, décoré en vert foncé uni, avec bords blancs réservés. Le fond de la pièce n'a pas été émaillé. Socle en bois sculpté.

Haut., 19 cent.

68 — Charmant petit vase à gorge très-évasée et profilée en forme de rosace, émaillé en bleu turquoise. Socle en bois sculpté.

Haut., 11 cent.

69 — Vase à couvercle en forme de fruit, émaillé de fleurs en couleur sur un fond vert caillouté, et portant en relief des branches de fleurs lui tenant lieu de pied.

Haut., 12 cent.; diam., 15 cent.

70 — Grande bouteille à panse sphérique et à long goulot; fond rouge haricot. Socle en bois sculpté.

Haut., 46 cent.

71 — Petit vase forme sphérique à large ouverture; fond brun portant en relief des plantes diverses réservées en blanc et craquelées.

Diam., 14 cent.; haut., 9 cent.

72 — Vase en porcelaine craquelée gris, forme balustre, à anses à dragons.

Haut., 37 cent.

73 — Vase forme ovoïde allongée, en porcelaine craquelée gris. Il porte un cachet incrusté dans la pâte.

Haut., 28 cent.

74 — Très-petit vase en forme de baril à côtes, en porcelaine bleu turquoise finement teinté. Socle en bois sculpté.

Haut., 10 cent.

75 — Petit vase en porcelaine bleu turquoise, de forme ovoïde allongée et à gorge rétrécie. Socle en bois sculpté.

Haut., 75 cent.

76 — Vase de forme analogue, en porcelaine bleu turquoise. La gorge a été coupée. Socle en bois sculpté.

Haut., 13 cent.

77 — Petite bouteille à panse sphérique, en porcelaine bleu turquoise. Socle en bois sculpté.

Haut., 15 cent.

78 — Très-petit vase décoré de rinceaux en bleu clair sur fond bleu foncé.

Haut., 12 cent.

79 — Joli flacon-tabatière en forme de gourde à deux anses, en ancien céladon gaufré vert d'eau, à animaux, fleurs et branchages.

61 — 80 — Autre flacon-tabatière décoré en vert uni truité.

25 — 81 — Autre flacon à médaillons de fleurs en couleur, et paysage en camaïeu rouge sur fond vert.

82 — Jolie petite coupe de forme longue, à une anse, formée d'une grecque flanquée de deux Chimères repercées à jour, et la panse ornée de deux Chimères et d'arêtes en relief; le tout décoré d'émaux de la famille verte.

Long., 11 cent.; haut., 5 cent.

83 — Deux plats en porcelaine japonaise décorée de personnages dans des paysages; le tout finement émaillé en couleurs. Ils portent une marque à six caractères.

Diam., 43 cent.

84 — Vase de forme ovoïde, décoré de figures et d'ornements en camaïeu bleu. Socle en bois sculpté.

85 — Jardinière de forme droite en ancienne porcelaine de Chine; fond noir uni décoré de paysages dorés. Sur pied en bois sculpté.

86 — Deux vases de forme ovoïde, décorés de fleurs, de paysages et d'ornements divers en camaïeu bleu sur fond blanc.

Haut., 27 cent

87 — Deux petits vases en forme de poissons fantastiques, décorés, ainsi que leurs plateaux, en bleu sur blanc.

88 — Six petites coupes, décorées intérieurement et extérieurement d'ornements divers finement émaillés.

Diam., 13 cent.

89 — Deux bols décorés de dragons émaillés bleu sur fond blanc.

Diam., 22 cent.

90 — Huit petits bols en ancienne porcelaine de Chine craquelée. Ils seront vendus par lots.

Diam., 14 cent.

91 — On vendra sous ce numéro les objets omis.

www.ingramcontent.com/pod-product-compliance
Ingram Content Group UK Ltd.
Pitfield, Milton Keynes, MK11 3LW, UK
UKHW020538180726
13839UKWH00006B/2579

9 782329 543024